Federpferde

Denn mein Thema, schwach und nichtig,
ist so flüchtig wie ein Traum…

Johanna Renate Wöhlke

Federpferde

Himmlische Gedichte

Bibliographische Information Der Deutschen Bibliothek: Die
Deutsche Bibliothek verzeichnet diese Publikation in der Deutschen
Nationalbibliographie; detaillierte bibliographische Daten sind im Internet
über http://dnb.d-nb.de abrufbar.

ISBN: 978-3-931628-57-4
© 2007 Johanna Renate Wöhlke Verlag
2. erweiterte Auflage, Hamburg 2007
Fotos: Johanna Renate Wöhlke
Satz, Umschlaggestaltung und Herstellung:
Books on Demand GmbH, Norderstedt

Inhalt

Über die Poesie 7
Schreiben 9
Gereimt, gewebt, gesponnen 11
Lyrikmarmelade oder Marmeladenlyrik oder
lyrische Marmelade, selbst gemacht 13
Federpferde 15
Sonnenaufgang 17
Das Meer 19
Bäume 21
Die Wiese der Unendlichkeit 23
Weißer Garten 25
Wunder des Lebens 27
Vor dem Spiegel 29
Ein Dichtertraum 31
Rosenschmerzen 33
Versunkenes Herz 35
Über den grauen Fluss 37
Die Ameise und das Rhinozeros 39
Gottes Zeit 41
Vergangene Liebe 43
Sterben im Frühling 45
Todesblumen 47
Herbstblätter im Wind 49
Tulpenschlaf 53
Schade 55
Föhrer Sommerblumenstrauß 57
Nichts als Hoffnung 61
Dein Lachen 63
Ein Menschenbild 65
Die tragische Schokoladenliebe 67
Die Schneckeneckenheckenzecke oder
Die Eckenheckenzeckenschnecke oder
Die Heckenzeckenschneckenecke oder
Die Zeckenschneckeneckenhecke 73

Frankfurt Sommertag 30. Juli 2004 75
Das frierende Krokodil 79
Das Nadelstreifenanzugschicksal des Nadelstreifens
im Nadelstreifenanzug 81
Ein leichtes Weihnachtsgeschenk 83
Der Neujahrsgeburtstag 85
Die Käselöcherrutsche
oder Wie Lieschen das Gleichgewicht verlor 87
Die Elefantenträne 89
Hühnereibalancen 91
Die Dankesredenfrauen 93
Die duftende Wurstverkäuferin 95
Mein Intercity-Zuggesicht 97
Der unpünktliche Robert 99
Der Frühaufsteher 101
Mann und krank 103
Iwanowitsch auf der Waage 105
Wenn Männer 50 werden 107
Frau Allesamt und der Wohltätigkeitsbasar 109
Regenküsse 111
Weiße Zähne machen trübe Stunden 113
Was ist ein Macho? 117
Hoch lebe der Verein 119
Wie Karl Lagerfeld die Leggings erfunden haben könnte… 121
Was Engel mit Knallerbsen alles machen können oder
Wie das Tennisspiel erfunden worden ist 125
Der Hase und die Qualle 127
Schief und unbrauchbar 129
Urlaub auf dem Boot 131
Wer die Wahl hat, hat die Qual 133
Der Universumwurm 135
Wer bin ich? 137
Mein Wörterfluss 139
Nachwort 141

Über die Poesie

Gedichte sind nicht jedermanns Liebe, auch diese Gedichte werden es nicht sein. Sie entfalten sich persönlich, vielleicht sogar eigenbrötlerisch und einzelgängerisch. Damit entziehen sie sich jeder Konkurrenz im Sinne einer allgemein gültigen objektiven Wertigkeit. Auch wenn es in diesen Tagen modern sein mag, wenn sich Dichterinnen und Dichter im Rahmen von „poetry slams" zu Gewinnern und Verlierern proklamieren lassen und damit der Eindruck entsteht, es gäbe so etwas wie „Platz 1" – das Gedicht vor allen anderen, das Gedicht der Gedichte, vielleicht sogar irgendwann Sieger und Verlierer in einem Wettkampf „Deutschland sucht das Supergedicht".

Poesie bedeutet lauschen, lesen, fühlend verstehen, sanft atmen und schmunzelnd lachen in der langsamen Zeit. Wenn wir einem Gedicht die Ehre geben, uns auf seine Welt einzulassen, ist das der Ehre genug. Wenn wir es mitnehmen in unseren Alltag und nicht vergessen, weil es unseren Verstand und unser Herz bewegt hat, ist das mehr als jeder Dichter und jede Dichterin erhoffen können.

Wenn wir ein Gedichtbuch kaufen, haben wir uns in einen ganz und gar nicht poetischen Wirtschaftskreislauf eingereiht. Dort muss gezählt werden, auch gezählt und gerechnet mit Poesie. Doch Poesie war schon immer ein verlegerisches Zusatzgeschäft. Große Gewinne lassen sich mit Poesie nicht erzielen. So entzieht sie sich. Das ist ihre Stärke. Sie überlebt in den roten Zahlen wie eine subventionierte Königin. So kann sie bleiben, was sie schon immer war – heiß geliebt und verehrt und doch nicht jedermanns Liebe.

Schreiben

So leer es ist,
das weiße Blatt Papier,
so voll nimmt mich
gefangen seine Macht.
Da sitz ich nun.
Ich habe nachgedacht
und auch das erste Wort
auf seinen Leib gebracht.
Das bricht den Bann
und fordert Raun für mehr.
Den Platz darf es mir nicht verweigern,
gib ihn her!

Gereimt, gewebt, gesponnen

Stell`n sie sich auf Reime ein.
Bei mir dürfen es Reime sein!
Warum ich`s mache, weiß ich nicht.
Ich lieb ganz einfach das Gedicht
und mag, wenn es harmonisch klingt,
wenn Zeile sich zu Zeile schwingt,
sich Harmonien daraus ergeben,
beziehungsvoll einander weben,
wenn Wörterfäden Sätze spinnen
und Melodien darin rinnen,
wenn alles strömt und ist im Fluss
rund wie aus einem ganzen Guss.
Für mich ist jeder schöne Satz
so etwas wie ein großer Schatz.
Denn so ein Satz verbraucht sich nicht,
er ist ein Vorrat, der nie bricht.
In ihm haben sie alle Raum:
der Schmerz, die Lust, die Welt, der Traum,
das Kind, die Frau, der Mann, die Ehre,
die Liebe, Trauer, Hass und Leere.
In Subjekt, Prädikat, Objekt
geheimnisvoll das Menschsein steckt,
in jedem Wort wie einem Keim
und also auch in meinem Reim!

Lyrikmarmelade
oder
Marmeladenlyrik
oder
lyrische Marmelade, selbst gemacht

Ich bin ein selbst gemachtes Kind
mit einem selbst gemachten Kind
und einem selbst gemachten Mann
von einem selbst gemachten Mann.

Ich wohn in selbst gemachten Räumen
und träum in selbst gemachten Träumen
und trink ich heute zu viel Wein
wird selbst gemacht mein Kater sein.

Ich hab mich auch schon selbst verbrannt
mit selbst Gekochtem an der Hand,
ich übe stetig Selbstkritik
und bin von selbst Gegess'nem dick.

Ich hab schon vieles selbst begonnen
und selbst genäht und selbst gesponnen.
Am Ende, ich verhehl es nicht,
ist selbst gemacht auch dies Gedicht.

Wenn sie auf selbst Gemachtes steh`n
und selbst Geschriebenes versteh`n,
dann findet vielleicht ihre Gnade
die selbst gemachte Lyrikmarmelade...

13

Federpferde

An manchen Tagen schwitzt die Erde.
An manchen Tagen stürmen
strahlend weiße Federpferde
und wiegen sich wie Meeresschaum,
wie Schnee von Sonnenstrahlen
durch den Raum.

Ihr Lauf ist fließend.
Gehetzt von Wind und Stürmen
schichten sie sich zu Wolkentürmen.
Zerfetzt und neu verbunden
sind sie dem Auge schon entschwunden.

So zeugen Wärme, Wasser, Wind
sich noch so manches Himmelskind,
und stetig wird geboren, wächst und stirbt,
und stetig malen Sonnenfarben,
heilt neue Kraft die alten Narben.

Sonnenaufgang

Es drängt die Sonne
hinterm grauen Horizont
und glüht sich langsam
in den Tageslauf.
Die hellen Strahlen gleiten
in dämmrig graue Weiten
und schließen sich die Knospen auf.

Das Meer

Weiße Gischt türmt Wasserwände.
Schwung auf Schwung und ohne Ende
wütet, spült es, fließt es leise,
rauscht es stets auf seine Weise.

Bäume

Gewachsene Zeit
im grünen Kleid
gleich einer Herde
Teppich der Erde,
gewachsene Zeit.

Gewachsene Zeit
im gelben Kleid
fängst Sonnendüfte,
schwingst durch die Lüfte,
gewachsene Zeit.

Gewachsene Zeit
im roten Kleid
lächelst beim Sterben,
trägst dein Verderben,
gewachsene Zeit.

Die Wiese der Unendlichkeit

Die Wiese der Unendlichkeit
beherbergt viele Zahlen.
Sie blühen dort in Einsamkeit,
verströmen heit're Traurigkeit
und wissen nichts von Qualen.

Und immer, wenn Du eine pflückst
von diesen vielen Zahlen,
lebst du ein Stück Unendlichkeit
und wirst an Deiner Ewigkeit
in Deinen Farben malen.

Weißer Garten

Mein weißer Garten,
ich bepflanze dich nicht.
Deine Knospen und Blüten
kann ich nicht behüten.
Sie sterben im Licht.

Meine grausame Freundin,
ich traue dir nicht,
verschenkst meine Jugend,
belauschst meine Tugend,
welch traurige Pflicht.

Mein weiches Gefängnis,
ich entkomme dir nicht.
Muss dich lieben und hassen
und kann dich nicht lassen
bis deine Kraft bricht.

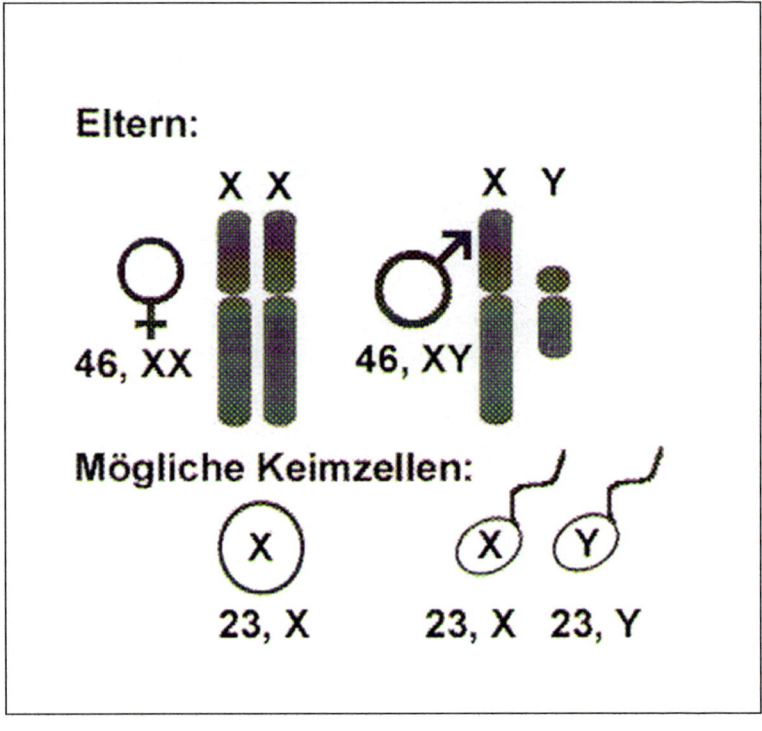

Wunder des Lebens

Das Lebendige verbirgt das Lebendige,
das Leben im Tod.
Ein unbegreifliches Universum
verschenkt seit Ewigkeiten Ewigkeiten.
So bleiben auch wir
und niemals sind wir ein Nichts.
Bevor wir in das Land der Nebelbänke steigen
müssen wir mit den Unwissenden tanzen,
ist das Leben ein Geschenk,
ein Geheimnis und ein Wunder.

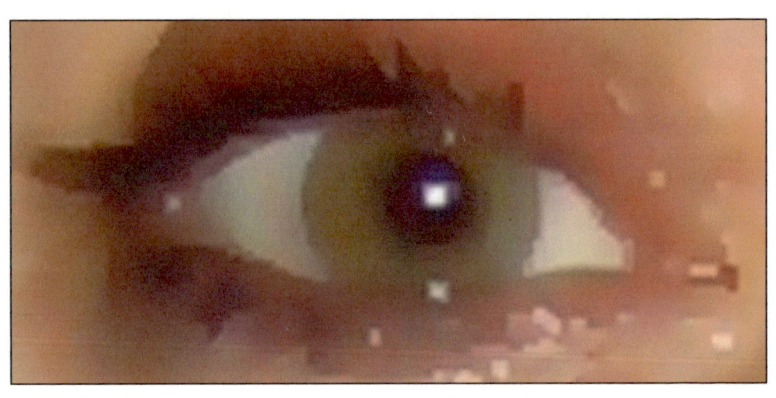

Vor dem Spiegel

Du glaubst, du hast im Spiegel
dein Gesicht gesehen,
aber es war deine Seele,
die dich aus deinen Augen angeschaut hat.
Sie sah deine Falten
und schmunzelte darüber.
Sie fühlte deinen Schmerz
und tröstete dich.
Sie blickte in deine Ängste
und antwortete dir:
Ich halte dich und bewahre dich.
Ich lasse das Leben über dir leuchten.
Ich erhebe dich über deine Träume
und schenke dir den Frieden der Ewigkeit.
Du glaubst, du hast im Spiegel
dein Gesicht gesehen.
Es war deine Seele,
die dich aus deinen Augen angeschaut hat.

Ein Dichtertraum

Wind in der Sonne und keine Ruhe im Kopf.
Bin über den Wolken, ohne zu fliegen.
Immer suche ich im Garten voller Blumen
zwischen Erde, Sand und Blättern.
Ängste schweben zwischen den Zweigen
und ich steige dazwischen mit meinen dünnen Beinen
und den goldenen Schuhen.
Ich möchte die Lieder singen
voller Hoffnung und Liebe,
aber sie sind falsch wie ein verstrickter Pullover.

Male kein schwarzes Bild auf den Spiegel
deiner Sehnsucht.
Zieh das Sommerkleid an mit den roten Tupfen
und tanze mit den lustigen Früchtchen,
die nicht rot sind wie das weiße Blut der Banane.
Dann werden sie dich unter Freunden begraben
mit einer warmen Decke aus Texten.

Rosenschmerzen

Schon ewig tropft der rote Schmerz der Rose,
die so schön im Garten blüht.
An ihren Stacheln haben wir uns verletzt,
uns die Seelen aufgeschnitten
und einander den Atem Gottes gestohlen.
Die roten Säfte sickern
in den Schoß der Erde
und schweigend nimmt ihr mütterlicher Leib.
Er trinkt und sammelt
seit Jahrtausenden bis heute.
Wenn sie ihr Schweigen bricht
im schwarzen Strudel dieser Zeit
wird nichts mehr bleiben.
Kein Töten
und kein Traum von Rosen.

Versunkenes Herz

Du hast mein versunkenes Herz befreit.
Meine Sonne leuchtet, mein Himmel ist weit.
Du hast die verborgene Angst vertrieben.
Nun häng ich an dir
und muss dich lieben.

Über den grauen Fluss

Eine Seele ist über den grauen Fluss geflogen,
zerfaserte sich in seinen Nebeln,
rieb sich auf an seinen Felsen und Schluchten.
Verströmt und zerflossen ist ihre Kraft
mit Lachen im Weinen, mit Freude im Schmerz
und ihre Liebesblumen schmücken das Ufer.
Eine Seele ist über den grauen Fluss geflogen
hinein ins helle Licht,
wohin, weiß nur sie allein.

Die Ameise und das Rhinozeros

Der Mensch ist klug und weise,
spricht traurig die Ameise.
Der Mensch ist klug und groß,
brummt das Rhinozeros.

Dann nehmen sie sich bei der Hand.
Sie können das
und wandern aus,
um sich einen anderen Planeten zu suchen.

Der Mensch ist klug und weise,
spricht wieder die Ameise.
Der Mensch ist wirklich groß,
brummt das Rhinozeros,
und nun ist er uns los.

Für immer,
sagt die Ameise,
ganz leise.

Gottes Zeit

Ich würde gerne mehrere Leben haben.
Wen kann ich darum bitten?
Um mehr Zeit,
alles zu lieben, was zu lieben ist,
alles zu sagen, was zu sagen ist,
alles zu tun, was zu tun ist.

Meine Zeit.
Diese lebendige, umbarmherzige,
rastlose, traumhaft schöne Zeit.
Immer nur vorwärts,
immer voraus.

Versinkend im Treibsand ihrer Gnade
möchte ich sterben,
wenn nur noch Unendlichkeit bleibt,
nicht vorzustellen,
nicht zu begreifen,
Gottes Zeit.

Vergangene Liebe

Mein Herz war in Licht, mein Verstand im Schatten.
Kurz war die Zeit, die wir uns hatten.
Dann sank die Liebessonne Stück für Stück
und nahm den Glanz all ihrer Strahlen mit.
Nun leuchtet er helle, der Schattengeselle,
verhindert die Tränen und auch alles Sehnen.

Sterben im Frühling

Wenn die Gärten blühen
wird dein Licht verglühen,
und ich pflanze dir ein grünes Kleid
als Schattendach für die Unendlichkeit.

Todesblumen

Hinter deinem Sarg zu gehen
und vor deinem Grab zu stehen,
diese Todesblumen riechen,
Tränen spüren und sich nicht verkriechen.
Weiß ich, wer da lebte, wer da ging?
Hoffe ich, dich noch einmal zu sehen
und vielleicht, dich besser zu verstehen.

Herbstblätter im Wind

Verflogen ist der grüne Glanz,
denn rot sind eure grauen Haare
und nie geflochten und gekämmt.

So wild zerzaust ihr euch
und wehend wiegt ihr euch
und findet eure neue Ordnung,
die sich Chaos nennt.

Mit meinen Füßen tret ich
euren flachen Körper flacher.
Doch schon im selben Augenblick seid ihr davon
und haucht mir windig ein „Adieu"
durch eure feinen Rippen zu.

Vaterunsergedanken

Körperlos verborgen, niemals fest und starr,
Vater unser, der du bist im Himmel.

vor dem Unsagbaren werden alle Worte rar.
Geheiligt werde dein Name.

Welche Hoffnung wird sich wohl erfüllen,
Dein Reich komme.

wird ein sanftes Schicksal sie umhüllen?
Dein Wille geschehe

Zwischen allen Sphären
wie im Himmel so auf Erden.

wird die Erde immer neu gebären.
Unser täglich Brot gib uns heute

Hell wird dunkel überstrahlen,
und vergib uns unsre Schuld

wenn wir selbst mit sanfter Münze zahlen,
wie wir vergeben unsern Schuldigern.

und im Schatten nicht ins Schwarze gleiten,
Und führe uns nicht in Versuchung,

fremde Grenzen nicht mehr überschreiten.
sondern erlöse uns von dem Bösen.

Ein schöner Raum ist es,
Denn dein ist das Reich

in dem sich alles sammelt
und die Kraft

und voller Glück und Freude
und die Herrlichkeit

nicht mehr nach Maß und Meter stammelt.
in Ewigkeit

Amen

Tulpenschlaf

Schlafverschlossen stehst du noch

zwischen Krokus und Narzissen

zart und schön im Morgentau.

Bald wird dich die Sonne küssen

und dann wirst du deine Blüten

ihrem Feuer öffnen müssen!

Schade

Nicht verstehend gehst du durch die Welt

und die dich lieben wollen,

verzweifeln immer wieder,

und ihre Kraft reicht nur noch aus

für Mitleid.

Föhrer Sommerblumenstrauß

Sommerblumenstrauß,

du weckst meine schönsten Gedanken,

lädst sie ein in dein duftendes Haus,

lässt sie wandern, lässt die ranken,

Föhrer Sommerblumenstrauß.

Nouvelle Cuisine
Wortsalat Mensch und Umwelt

Immissionen, Emissionen, Radioaktivitätsrisiko,

Chemisierung, Bevölkerungslawine, Biotop und
Artensterben, Kaufrausch, Neue Armut, Luxus,

Artenschutzprogramm, Welt im Fieber,
Ethik ökologische,
Teilen, Solidarität,

Leiden, Überschuss und Mangel,
Nahrungsproduktion, Selbstvergiftung,
Industriechemie, Gentechnologie,
in vitro Fertilisation,

Sonnenenergie, Photosynthese,
Genpool, Zukunft, effiziente Energienutzung,
Dürreperioden, Gletscherschwund,
Kohlendioxyd, Methan,
Kohlenstoffemissionen,

Weltdurchschnittstemperatur, Umweltflüchtlingsströme,
Treibhauseffekt, Klimakatastrophen, Ernährungskatastrophen,
Entwicklungsländer, dritte Welt,
Bevölkerungsexplosion, Entwicklungspolitik,

Umweltkrise, Anspruchsexplosion,
Rohstoffvorräte, Energievorräte
Selbstbegrenzung, Atomkraft,
Reaktorkapazität, Substitution,
Energieverschwendung, Solarzellen,
Sonnenstrom, Waldzerstörung,
fossile Brennstoffe, Artensterben

Lichtschutzfaktor 45, Hautkrebs, Ozonloch,
Nahrungsschwemme, Butterberge,
Getreideberge, Bodenschädigung,
Hunger,Verhungern, Sterben,

Raumschiff Erde
Aussterbetempo
Exodus
Exitus
Schluss

Nichts als Hoffnung

Kommt wieder eine schwarze Wolke
und ist der Sonnenschein vorbei,
erhebe ich mich wie ein Vogel
und fliege mir die Seele frei.
Ich rufe: Liebe Seele steige!
Ich rufe. Liebe Seele, zeige
mir einen Weg zum Firmament
zu dem, der das Geheimnis kennt.

Kommt wieder eine schwarze Wolke
und ist der Sonnenschein vorbei,
erhebe ich mich wie ein Vogel
und fliege mir die Seele frei.
Ich rufe: Liebe Seele, fliege!
Ich rufe: Liebe Seele, siege!
Und breite meine Hände aus
und bringe nichts als Hoffnung mir nach Haus.

Dein Lachen

Dein Lachen klettert in den Bäumen
und sucht sich einen Platz zum Träumen.

Dann fliegt es in den Garten tanzen
und fröhliche Gedanken pflanzen.

Es hüpft in deine kranken Hände,
um sie zu kitzeln ohne Ende.

Vergnügt malt es die Blätter bunt
und fast schon fühlst du dich gesund.

Ein Menschenbild
aus

kompakt abstrakt beknackt versackt nackt zerhackt
verpackt entschlackt

Wenn der Mensch versackt,
fühlt er sich beknackt.
Wenn er sich verpackt,
ist er nicht mehr nackt.
Wird er zu kompakt,
wünscht er sich entschlackt.
Malt man ihn abstrakt,
hat man ihn zerhackt.

Die tragische Schokoladenliebe

Eine moderne Moritat

Ich kenne einen kranken Mann,
der Süßes nicht mehr sehen kann.
Schon bei dem Wort Konfiserie
befällt ihn gleich die Hysterie.
Hört er das Wörtchen Praliné,
tut ihm sogleich die Hirnhaut weh.
Und denkt er bloß an Schokolade,
dann fühlt er sich total malade.

Was ist geschehn mit diesem Mann?
Ich will erzählen, wie's dazu kam.

Als Junge war er ganz normal,
aß Schokolade ohne Qual,
ersehnte schon von Neujahr an
den Schokoladenweihnachtsmann.
Näherte sich das Osterfest,
freute er sich auf's Osternest
und wickelte noch auf dem Rasen
aus dem Papier den Osterhasen.
Es gab auch keine Osterfeier
ohne reichlich Ostereier
in Glanzpapier so bunt und schön,
da konnte man ihn wickeln sehn:
die roten, grünen, gelben, blauen
ach, wie war'n die schön zu kauen!

So kamen und gingen die Kirchenjahre,
dem Jungen wuchsen Bart und Haare.
Auch nach dem Ende aller Klassen
konnt` Schokolade er nicht lassen
und suchte eine Arbeitsstelle
an der Schokoladenquelle.

Er begann also eine Lehre in einer Schokoladenfabrik.

Zu Anfang ging es noch sehr gut.
Das erstemal kam man ins Grübeln,
als er zwischen Blumenzwiebeln
zum Osterfest mit großem Gram
suchte nach dem Weihnachtsmann.
Er suchte nach ihm überall,
im Gras, im Beet, im Hühnerstall,
hinter den Büschen, hinter Bäumen,
im Haus herum in allen Räumen.
Und sah er einen Osterhasen
geriet er aggressiv ins Rasen,
trat ihn kaputt mit seinem Fuß,
statt ihn zu essen mit Genuss.
Und als das Weihnachtsfest dann kam,
stand`s noch viel schlimmer um den Mann.
Er hüpfte um den Tannenbaum,
fing an, dort ein Nest zu baun,
malte bunte Ostereier
für die weihnachtliche Feier.
Schrecklich auch, an manchen Tagen
sah man ihn an Zapfen nagen
oder auch an harten Möhren,
ließ sich dabei gar nicht stören.
Und es stöhnte seine Mama:

Armer Sohn, welch` Psychodrama!

Was war mit diesem Mann gescheh`n?
Arbeiten wir uns an die Erklärung heran.

Der junge Mann ist
1. ein Opfer des Kirchenjahres,
2. ein Opfer der Marktwirtschaft und
3. ein Opfer seiner Schokoladenliebe!

Wenn sie meinen sollten, dass diese drei Faktoren an
den Haaren
herbeigezogen seien, dann lesen sie einfach weiter.

Kirchenjahr und Marktwirtschaft -
haben sie schon dran gedacht,
teilen sich den Jahreslauf
durch Konsum und Feiern auf.
Fragte ich sie, dann sagten sie prompt,
dass Ostern immer n a c h Weihnachten kommt.
In der Marktwirtschaft muss man da anders denken,
um Wirtschaftsströme richtig zu lenken.

Frühjahrsmode wird uns serviert,
wenn es uns noch lausig friert.
Die Kataloge kommen an
lange vor dem Weihnachtsmann.
Ohne vom Thema abzulenken,
das nennt man antizyklisch denken.
Und antizyklisch, ohne Gnade,
ist`s auch bei der Schokolade.
Zu Weihnachten den Schokomann?
Da fängt man schon nach Ostern an

und produziert die ersten Tonnen,
wenn wir uns noch am Strande sonnen.
Und irgendwann dann im August
fängt sie an, die Weihnachtslust!
Die einzige hier, die das schafft,
das ist unsere Marktwirtschaft.
Dem nicht verkauften Weihnachtsmann
sieht man es später gar nicht an,
dass er ist ein Osterhase
mit heiß eingeschmolz'ner Nase!
Der Schokolade ist das gleich,
denn sie ist verformbar weich.
So mancher Osterhase, den wir essen,
hat als Weihnachtsmann im Regal gesessen.
Und mancher Weihnachtsmann zerfloss
zu einem Osterhasenspross.

Der Fortschritt unserer Geschichte muss nun wieder
ohne Reime
gehen. Stellen sie sich also vor: Unser junger Mann
produzierte
Weihnachtsmänner, wenn alle um ihn herum
Osterhasen aßen und
Ostereier suchten. Er produzierte Osterhasen, wenn
alle um
ihn herum Schokoladenweihnachtsmänner,
schokoladenüberzogene
Lebkuchen, Engel und andere weihnachtliche
Schokoladenschleckereien aßen und Weihnachtslieder
sangen.

Unser junger Mann hat viele Fehler.
Er kommt nicht damit zurecht, dass er antizyklisch
arbeiten muss.
Er kommt nicht damit zurecht, dass er immer wieder
Weihnachtsmänner einschmelzen muss, um sie zu
Osterhasen zu machen
und umgekehrt.
Er kommt auch nicht damit zurecht, dass er durch
seine Arbeit in
der Fabrik in Festtagsstimmungen versetzt wird,
die im Gegensatz
zum Leben um ihn herum stehen.
Er ist ungeeignet für das Leben in der modernen
Industriegesellschaft.
Er ist zu sensibel.
Er ist ein Mensch!

Die Schneckeneckenheckenzecke
oder
Die Eckenheckenzeckenschnecke
oder
Die Heckenzeckenschneckenecke
oder
Die Zeckenschneckeneckenhecke

In der Ecke
im Verstecke
saß die Schnecke.

Kam die Zecke,
fragt die Schnecke:
„Warum sitzt du im Verstecke
und bist nicht in meiner Hecke,
wo ich gerne Menschen necke?"

Sagt die Schnecke
zu der Zecke:
„Bleib du nur in deiner Hecke
und lass mich hier im Verstecke –
in Ruh!"

Frankfurt Sommertag
30. Juli 2004

Frankfurt träumt im Hexenkessel,
Menschen gaukeln, Schwäne schaukeln.
Viel Geschiebe im Getriebe dem Leben zuliebe.

Ich möchte seerosenbadengehen mit Goethe
im Palmengarten.
Aber der schlummert im Goethehaus zwischen
alten Bildern, Dielen, Schränken und Efeu berankten Mauern.
Er sieht mich nicht.

Meine müde gelaufenen Beine freuen sich
auf weißes Plastikgestühl.
Der Nagellack von den Zehennägeln ist ab
vom Laufen und Raufen mit dem Großstadtpflaster.
Menschenleiber, sonderbare, blonde, braune, schwarze Haare.
Der Sari steht ihnen gut.
Sie können damit sogar Auto fahren.

Es gibt einen schönen Kindergarten in Frankfurt,
mitten in der Stadt, im Grünen.
Du hörst die Kinder lachen bis in den fünften Stock
des Penthouses mit Blick auf die Frankfurter Skyline.

Ich möchte dichten gehen mit Goethe
im Palmengarten,
aber der schlummert im Goethehaus zwischen
alten Bildern, Dielen, Schränken und Efeu berankten Mauern.
Er sieht die Brautpaare nicht.

Lachend kommen sie daher auf den Kieswegen,
aber die Entenmutter mit ihren drei Jungen
war schon vor ihnen da.
Weiße Sommerhosen wandeln zwischen roten Rosen,
auch ein Badeanzug mit Netzhemd darüber ist dabei,
denn es ist heiß in Frankfurt.

Auf dem Römerberg servieren sie Matjeshering.

Der Wind säuselt durch die Haare
eines Mädchens auf dem Main.
Das Schiff fährt in den Abend.
Kein stummer Liebeskummer.
„Wolfgang liebt mich schon seit zehn Jahren,
ich ihn aber nicht", tönt es vom Oberdeck.

Bald geht die Sonne unter
und endlos reiht sich Flugzeug an Flugzeug
wie auf einer Perlenkette zum Landeanflug ein.
Jetzt sieht es aus, als seien sie Sterne.

Ich möchte Sterne pflücken gehen mit Goethe
im Palmengarten,
aber der schlummert im Goethehaus zwischen
alten Bildern, Dielen und Schränken und
Efeu berankten Mauern.
Er hat sie lange gepflückt.

Mir bleiben die Kamillenblüten, die Silotürme
und die Trauerweiden am Ufer, die roten
Schleusenlichter, die Angler und Griller am Fluss,
der Skipper mit den nackten Beinen in der Schleuse,
Achtung Absackungen am Ufer,
die einen Schiffsgarten tragende „Salisso"
im Vorübergleiten.
Wonne kommt auf, denn
die Abendröte erzählt Märchen über Sachsenhausen.

Das frierende Krokodil

Ein Krokodil
friert auf dem Nil.
Es fraß zuviel
vom Eis am Stiel.

.

Das Nadelstreifenanzugschicksal
des Nadelstreifens im Nadelstreifenanzug

Der Nadelstreifenanzugstreifen
beginnt, sein Schicksal zu begreifen!
Tagaus, tagein, von früh bis spät
wird er von Naht zu Naht gedreht.
Er muß sich bücken und verbiegen
und jeder Körperlinie fügen.
Es hilft kein Schimpfen, kein Protest,
er wird in jeden Saum gepreßt
und mit dem Stoff so sehr zerknittert,
daß er vor Ärger nur noch zittert.
So kommt er zu der Quintessenz:
Die Nadelstreifenexistenz
ist nichts für eine Frohnatur
und was für krumme Fäden nur!

Ein leichtes Weihnachtsgeschenk

In Zeiten von Gesundheitsreformen

Es kam einmal ein alter Mann
Bei einem Orthopäden an.
Die Schwester lässt ihn freundlich ein
Und fragt nach seinem Krankenschein.
Der alte Mann denkt: Die ist Klasse!
Da fragt sie nach der Krankenkasse.
Der alte Mann versteht das nicht.
Er schaut ihr schmunzelnd ins Gesicht
und in dem Augenblicke grad
sagt sie: „Ach so, Sie sind privat!"
„Ich bin privat hier, liebe Frau,
ja, ja, das weiß ich ganz genau",
und dabei schmunzelt er noch immer.
Ab geht's in das Behandlungszimmer.
Der Orthopäde schaut ihn an
und weiß: Das ist der Weihnachtsmann!

Der Weihnachtsmann setzt sich und beginnt zu erzäh-
len.

„Vom vielen Tragen und vom Bücken
Da habe ich es oft im Rücken.
Mir tun auch meine Füße weh
vom vielen Hin und Her im Schnee.
Ich muss mich auch so oft verrenken
beim Verteilen von Geschenken.
Könnte man nicht mit leichten Sachen
genauso eine Freude machen?"

„Natürlich, sicher lieber Mann!",
lacht ihn der Orthopäde an,
„Da sind sie bei mir grade richtig,
denn Schweres ist bei mir nicht wichtig.
Ich wünsch mir Ihren Krankenschein
und immer mein Patient zu sein.
Dann werbe ich an meiner Tür:
Der Weihnachtsmann war auch schon hier!
Die Patienten werden strömen,
mich mit Renate Schmidt versöhnen.
Wir haben unser Ziel erreicht.
Ist dies Geschenk nicht kinderleicht?"

Der Neujahrsgeburtstag

Ein Mensch fühlt sich im Januar
so ganz besonders sonderbar,
weil immer sein Geburtstag war
am Neujahrstag im neuen Jahr.

Kein Freund macht sich an dem Tag rar,
sie kommen mit der Bahn sogar
oder auch mit dem Jaguar
von Flensburg bis aus Gibraltar.

Es kommt die ganze Menschenschar,
der Oskar, Dietmar, Waldemar,
der Pastor und der Kommissar,
der Nachbar und der Herr Notar.

Sie setzen sich ins Mobiliar
und feiern bis zum Februar.
So wünscht sich unser Jubilar:
Ach, wär` ich wieder Singular...

Die Käselöcherrutsche
oder
Wie Lieschen das Gleichgewicht verlor

Lieschen sitzt auf einem Käse.
Plötzlich rutscht sie mit Getöse
rein in eines seiner Löcher
und dann fällt sie noch und nöcher
immer tiefer, immer schneller,
bis sie landet auf dem Teller.

So dort unten angekommen
fühlt sie sich noch sehr benommen
und genauso wie ein Zwerg
unter einem Käseberg.

Doch bei diesem Schnellgeflutsche
auf der Käselöcherrutsche
wurde es ihr langsam klar,
was das für ein Käse war.
Klarer wurd`s von mal zu maler:
Dieses war ein Emmentaler!

Die Elefantenträne

Schöne Diva,
große Szene,
große Elefantenträne
rollt hinab auf brauner Schminke
über Wange, über Kinn,
plumpst dann auf den Busen hin,
wälzt sich weiter zwischen Brüsten
und führt dort zu Kitzellüsten.

Schöne Diva möchte kratzen,
darf die Szene nicht verpatzen
eng in des Geliebten Armen,
und es juckt sie zum Erbarmen.

„Liebster, oh, ich liebe dich!",
spricht sie laut und flehentlich.
Dann berühr'n sich Körper, Köpfe
und die rauen Anzugknöpfe
treffen grade auf die Stelle,
die es Juckens böse Quelle.

Schöne Diva küsst und drückt,
offensichtlich sehr entzückt.
Eng und enger wird's getrieben.
Ja, das ist das wahre Lieben!

Später stand in der Kritik:
Mittelmäßig war das Stück,
mittelmäßig auch das Spiel
bis auf diese eine Szene –
ja, die Elefantenträne!

Hühnereibalancen

Ein kleiner Nackedei
saß auf einem Hühnerei.
Hühnerei, das platzte.
Nackedei, der schmatzte.

Die Dankesredenfrauen

Es steht ein Mann vorm Mikrofon.
Die Rede, ach, die kenn ich schon.

Berichtet wird der Lebenslauf,
Biographie bergab, bergauf,
und alle die gelad'nen Gäste,
sie hören zu bei diesem Feste:

Wie schwer es doch am Anfang war,
wie schließlich Mut Erfolg gebar,
wie viele halfen, unterstützten,
wie Ratschläge am Ende nützten.

Der Dank geht hin, der Dank geht her.
Allmählich fällt das Zuhör'n schwer –
und dann kommt er, der Satz,
ich weiß genau:

Am meisten dank ich meiner Frau!

Die duftende Wurstverkäuferin
für Gabriele Grosse

Es war nicht ihre rote Schürze.
Es war auch nicht ihr blondes Haar.
Es war die wunderbare Würze
Um sie herum, die köstlich war!

Sie duftete nach schönen Schweinen
Und nach Schlaraffenlandbasar.
Sie duftete bis zu den Beinen,
Das war es, was so göttlich war!

Mein Intercity-Zuggesicht

Seine Augen glänzen silbrig
und sein Mund ist grau.
Seit Stunden zieht die Welt vorbei,
schnell und grün und weit.
Die Kühe auf der nahen Wiese
hat es nicht gesehn,
kein Stellwerk, keinen Bahnhofsplatz
und wo Signale stehn.

Seine Augen glänzen silbrig
und sein Mund ist grau.
Seit Stunden glotzt es regungslos,
glänzt, ist stumm und starrt.
Mein Lächeln auf Platz 62
hat es nicht gesehn,
ist nur mechanisch integriert
und kann sonst nichts verstehn.

Seine Augen glänzen silbrig
und sein Mund ist grau.
Seit Stunden sitz ich hier nun schon,
schau und denk und träum.
Den Kellner mit dem Kaffeepott
hat es nicht gesehn.
Der klappt jetzt seine Lippe auf –
darauf kann Kaffee stehn!

Seine Augen glänzen silbrig
und sein Mund ist grau.
Seit Stunden ist mein Platz nun leer,
frei und schmal und blau.
Ich denke an mein Zuggesicht,
wer wird es jetzt wohl sehn?
Wer klappt jetzt seine Lippen auf
und lässt drauf Kaffee stehn?

Der unpünktliche Robert

Mit Robert schimpft der Lehrer sehr,
denn pünktlich sein fällt Robert schwer.
So manchen Morgen kommt er spät
ins Klassenzimmer rein geweht.
Dann setzt er sich mit müdem Blick,
lehnt sich in seinem Stuhl zurück,
schiebt sich nach vorn auf dessen Kante
und sagt: „Ich schlief bei meiner Tante."
Die Klasse lacht.
Der Pädagoge grollt
und spricht mit fragendem Gemecker:
„Hat deine Tante keinen Wecker?"
So geht das weiter viele Tage:
Der Robert kommt zu spät, dieselbe Frage.

Was tut ein guter Lehrer?
Er geht der Sache auf den Grund...

Und kommt an einem Morgen spät
ins Klassenzimmer rein geweht.
Auch er setzt sich mit müdem Blick,
lehnt sich in seinem Stuhl zurück.
Die Klasse lacht.
Der Robert grollt
und spricht mit fragendem Gemecker:
„Hat meine Tante keinen Wecker?"

Der Frühaufsteher

Ein Frühaufsteher ist ein Mann,
den man gut gebrauchen kann!

Wenn die andern schnarchend sägen,
beginnt er sich schon zu regen

und mit seinen wachen Augen
an der Sonne festzusaugen,

denn der erste Sonnenstrahl
macht das Schlafen ihm zur Qual.

Er muss raus und in die Schuhe.
Schluss ist es mit Schlaf und Ruhe.

Ohne sich dabei zu hetzen
greift er nach den Einkaufsnetzen,

kauft auch Butter, Milch und Ei
auf dem Weg zur Bäckerei.

Brötchen, knackig, leicht und frisch
stellt er auf den Frühstückstisch.

Außerdem Kaffee und Tee,
Marmelade und Gelee.

Deshalb ist, wer früh aufsteht,
bei den Damen heiß erfleht!

Und kommt ihnen täglich näher,
ist er gut als Frühaufsteher...

Mann und krank

Ein Mann wird krank.
Das ist nicht schön.
Doch wird man ihn
bald besser sehn.
Er wird gepflegt.
Er wird gehegt,
wird sanft und lieb ins Bett gelegt.
Das tut ihm gut
und macht ihn froh.
Er freut sich wieder auf's Büro!

Iwanowitsch auf der Waage

Iwanowitsch hat eine Frau,
die will ihn nur ganz schlank,
und das macht den Iwanowitsch
allmählich liebeskrank.
Denn jeden Montag, morgens früh,
da muss er auf die Waage,
erwartet zitternd und verzagt
die Kilogewichtslage.
Von Freitag an neigt er zum Fasten,
um sich mit Fett nicht zu belasten.
Er lässt das Bier. Er lässt den Wein.
Bald wird er krank und mager sein.
Iwanowitsch, ich weiß genau,
braucht dringend eine neue Frau!

Wenn Männer 50 werden

Wenn Männer 50 werden,
ist das ein Stück vom Himmel auf Erden.
Sie sind dann reif wie guter Wein,
ohne schon verstaubt zu sein,
so dass man gerne sie genießt
und ungern einen Schluck vergießt
von dieser Mischung herb und süß,
wie's eben ist im Paradies.

Frau Allesamt und der Wohltätigkeitsbasar

Frau Allesamt macht jedes Jahr
einen Wohltätigkeitsbasar.
Schon Wochen vorher macht sie dann
kaum was für ihren Ehemann.

Der Mann vereinsamt und wird mager.
Sein Bett mutiert zum Warenlager.
Will er in seinem Bett mal rasten,
dann steigt er über Kist` und Kasten.

Will er des Tages Stress vergessen,
macht er sich selbst etwas zu essen,
und will er seine Frau mal küssen,
dann wird er lange warten müssen.

Herr Immerwieder hat ein Herz.
Er liebt sein Weib nicht nur zum Scherz.
So achtet und so liebt er sie
und liebt auch ihre Energie.

Denn schließlich weiß der arme Mann,
dass nichts die Dame stoppen kann.
Sie liebt, was zu befürchten war,
a u c h den Wohltätigkeitsbasar!

Regenküsse

An Tagen, wenn der Regen kam,
er gern sie in die Arme nahm
und küsste sie zu ihrer Freud`,
welch wunderschöner Zeitvertreib!
Er küsste sie voll Zärtlichkeit
und sie hielt still, die ganze Zeit.
Doch küsste er sie auf die Nase,
dann war sie nahe der Ekstase
und dachte bei sich voller Wonne:
Ach, schien doch niemals mehr die Sonne…

Weiße Zähne machen trübe Stunden

Es war einmal ein Ehepaar,
das stritt sich stets um Zahnpasta.
Er quetschte gern die Tube breit.
Sie war darüber nicht erfreut!
„Ich kann das nicht mehr tolerieren,
du willst mich wohl total frustrieren!",
so rief sie wütend und gereizt.
Darauf er seine Finger spreizt
und zeigt ihr eine lange Nase.
Da wächst ihr Groll fast zur Ekstase.
Sie nimmt die Tube Zahnpasta
und spritzt sie wütend auf sein Haar.
Er stampft darauf fast wie ein Stier,
nimmt ihre Bluse ins Visier
und reibt den ganzen weißen Brei –
begleitet von der Gattin Schrei –
mit Hochgenuss und Wut,
das kann er,
auf dieses Prachtstück von Gil Sander.
Derweil greift sie nach einer Vase,
zerschlägt sie ihm auf seiner Nase.
Er wehrt sich, kontert blitzesschnell,
greift von der Wand ein Aquarell
und schlägt ihr mit dem Lieblingsbild
die fein gekämmten Locken wild.
So geht es hin, so geht es her.
Am Ende bleibt nichts Ganzes mehr
und beide Kontrahenten sind
noch weitaus mehr als nur verstimmt.
Da hilft auch kein Nürnberger Trichter.

Am Ende steht der Scheidungsrichter.
Verzeihen? Kann man nicht, oh nein,
dafür war viel zu groß die Pein.
Der Richter ist ein kluger Mann.
Er hört sich die Geschichte an,
bringt auf den Punkt sie mit Bedacht
indem er diesen Vorschlag macht:
„Die Lösung ist, mein liebes Paar,
so simpel wie die Zahnpasta.
Wo steht es denn geschrieben,
dass alle, die sich lieben,
zum täglich neuen Zähneputzen
nur e i n e Zahnpasta benutzen?
Sie kaufen sich am besten zwei.
Dann ist der Streit sogleich vorbei!"

Was ist ein Macho?

„Was ist ein Macho?", tönt es froh
von meinem Sohn aus Richtung Klo.
Die Frage trifft ganz unerwartet
mich zwischen Töpfen und Salaten
und einem braunen Sonntagsbraten.
„Was ist ein Macho?", tönt es wieder.
Da saust vor mir die Schüssel nieder
und es ergießen in die Küche
sich Öl, Salate und Gerüche.
Ich ruf das Wort mit S, C, H –
da ist der Herr des Hauses da.
„Was ist denn hier los?",
fragt er keck
und dreht sich um.
Dann ist er weg.
Der Sohn noch immer auf dem Klo,
der Mann inzwischen irgendwo,
seh`ich das Chaos vor mir liegen
und fluch, dass sich die Balken biegen.
Der Sohn, er kommt erschreckt vom Klo,
die Hose hängt ihm irgendwo,
guckt, lacht und dazu sagt er noch:
„Nun zieh mir mal die Hose hoch!"
Es liegt der Satz mir auf der Zunge:
„Auch du wirst mal ein Macho, Junge",
und darin, was ich jetzt nicht sage,
liegt die Antwort deiner Frage…

Hoch lebe der Verein

Willst du ein Mensch mitten im Leben sein,
dann, lieber Mitmensch, gründ`einen Verein!
Du wirst an allen Lebenstagen
nie mehr an deinem Schmerz verzagen.
Denn denkst du an deinen Verein,
wird jeder Schmerz ein Labsal sein.
Du sprichst nicht mehr von Ehequal,
denkst du an eine Vorstandwahl.
Jede Familienfeier scheint ein Stück vom Glück,
denkst du an Jahreshauptversammlungen zurück.
Schwatzt deine Liebste lang am Telefon,
denkst du dir jetzt: Was macht das schon.
Du duldest und erträgst bis zur Passion
jetzt jede lange Ehediskussion.
Denn heute noch tun dir die Ohren weh
von mancher Vorstands-Diskutierclub-Odyssee.
Mit einem Satz, mit einem Wort:
Vereine sind ein Freudenhort!
Du lernst durch sie mit Frust und Pein
was es heißt, ein Mensch zu sein!

Wie Karl Lagerfeld die Leggings erfunden haben könnte…

Es war Winter.
Es war kalt,
und der Opa war schon alt.
Da kam Enkel Karl gefahren,
um den alten Herrn zu sehen
und mit ihm spazier'n zu gehen.
Als sie traten vor die Türe,
fror der Karl an seiner Niere.
Als der Opa das gesehen,
blieb er in der Türe stehen.
„Deinem Beinkleid aus Viskose
fehlt die lange Unterhose,
die ich gerne trag im Kalten,
um den Körper warm zu halten",
mahnte er mit seinem Finger
und zog Karl hinein ins Zimmer
vor den alten Kleiderschrank,
der nach Mottenkugeln stank.
Weiß und keine Spur von Farbe,
unerotisch wie noch nie,
fein gestapelt lagen sie.
„Himmel, alle Modegötter,
mir nicht diese Liebestöter!",
rief der Karl da voller Graus
und lief aus dem Zimmer raus.
Statt in Baumwollunterhose
blieb er lieber in Viskose.
Dann – beim Frieren und im Schnee

kam ihm plötzlich die Idee:
Es entstand ein Modezwitter
aus der Meisters Frostgezitter.
Und, was soll ich viel erzählen,
in der nächsten Kollektion
hatten Leggings Hochsaison!
Weder Fisch sind sie noch Fleisch,
einer Unterhose gleich.
Nur dies bisschen Elasthan
machte die Kritiken zahm.
Leggings musste jede tragen.
Leggings musste jede wagen
Denn es freu'n sich die Nationen
immer auf Karls Kollektionen...

Was Engel mit Knallerbsen alles machen können
oder
Wie das Tennisspiel erfunden worden ist

(aus der anspruchslosen, niedrig wachsenden Schneebeere
SYMPHORICARPOS ALBUS, im Volksmund auch Knallerbse
genannt, die im Herbst so gerne mit Füßen getreten wird)

Als einst der Herrgott schuf die Welten,
sich ihm sehr viele Fragen stellten.
„Was passt wohl zu des Menschen Leib
als wunderschöner Zeitvertreib?",
so dachte er in seinem Sinn
und schaute nach den Büschen hin.
Da sah er weiße Bällchen blitzen
an Ästen zwischen Blätterspitzen.
Es kam ein Engelchen daher,
das pflückte sie, es war nicht schwer,
und warf die kleinen weißen Bälle
so vor sich hin von Stell` zu Stelle.
Ein and`rer Engel sah dies Spiel
und mischte ein sich mit Gefühl.
So spielten beide mit Vergnügen
und ließen flott die Bälle fliegen.
Da kam ein Ball sehr hoch daher.
„Den kriege ich doch gar nicht mehr!",
rief laut das eine Engelchen
und breitete sein Flügelchen
und schlug zurück das Kügelchen.
Dem Herrgott das sehr wohl gefiel.
„Dies war das erste Tennisspiel",

so sprach er mit Zufriedenheit.
„Dies Spiel bestimmt auch Adam freut."

Ein Engel schlug den ersten Ball
mit seinem Flügel durch das All,
und was geboren unter Sternen,
das musste Boris Becker lernen!

Der Hase und die Qualle

Es war einmal ein Hase,
der lebte in dem Stalle,
und dieser kleine Hase
der liebte eine Qualle.
Nun fragt ihr mich,
wie kommt das bloß,
der Hase mit der Qualle?
Ich muss gesteh`n,
ich weiß es nicht.
Drum ist der Vers jetzt alle…

Schief und unbrauchbar

Im Gästeklo gibt's eine Klinke
die hängt seit Wochen schief,
und wenn ich meinen Ehemann
auch bat und schrie und rief:
Die Klinke hängt
und wenn es drängt,
dann wird es allen klar,
die Gästeklotürklinke ist
unleugbar unbrauchbar.
So ist's mit der Vollkommenheit.
Sie lässt uns oft im Stich
und macht das schöne Leben oft
so menschlich sonderlich.
Sie spielt mit uns herum,
macht schnippisch winke, winke
und lässt uns dann allein zurück –
mit unserer Türklinke…

Urlaub auf dem Boot

Im Urlaub ist das Leben schön.
Der Mensch muss nicht zur Arbeit gehn.
Doch Arbeit macht es auch zu Suchen,
und einen Urlaubsort zu buchen.
Der Mensch entscheidet ohne Not:
In diesem Jahr buch ich ein Boot!

Das Boot erweist sich als Gewinn.
Es gibt dem Urlaub tiefen Sinn,
denn Seemannsmärchen zu erzählen,
bedeutet erstmal - sich zu quälen.
Der Mensch hat nämlich nicht bedacht,
dass Bootesteuern Arbeit macht.

Er schwitzt vor Angst bald hinterm Steuer,
denn Wellen sind ihm nicht geheuer.
Es mindert sich der Urlaubsspaß,
denn Wellen sind bekanntlich nass.
Derweil vergießt in der Kombüse
die Hausfrau Suppe mit Gemüse.

Die Kinder frieren in den Betten,
weil sie es gerne wärmer hätten.
Der Hund, er bellt an seiner Leine.
Ihm fehlt der Baum für seine Beine.
Obst, Butter, Brot und Fisch
halten sich nicht auf dem Tisch.

Alle werden immer blasser
und die Kleider nass und nasser.
Mutter rettet mit Geschick
wieder mal das Urlaubsglück.
Sie trinkt eine Flasche Wein,
kann dann richtig mutig sein.

Vater pfeift auf jede Boje
und verzieht sich in die Koje.
Mutter steuert mit Gefühl,
setzt das Boot mit Charme und Stil
auf die Sandbank nebenan.
Vater fängt zu toben an.

Alle Kinder applaudieren.
Aus ist es mit Angst und Frieren.
Später dann im Freundeskreise
wird erzählt von dieser Reise.
Wunderbar und schön war es.
Keiner hatte wirklich Stress.

Klein Berti bittet noch nach Jahren:
„Will mit Boot auf Sandbank fahren!"

Wer die Wahl hat, hat die Qual

Du dumme Qual!
Schimpft laut die Wahl.
Weg mit der Wahl!
Tönt laut die Qual.

Ich versuche zu schlichten.

Ihr müsst euch lieben und vertragen,
sollt keinen Schritt alleine wagen.
Ihr werdet immer gleich genannt,
nur so seid ihr uns doch bekannt.
Wie schön seid ihr als Doppelwort
und reist galant von Ort zu Ort.
Doch sollte einer von euch wagen,
den andern nicht mehr zu ertragen,
dann ist es aus, ist es vorbei
und keiner kennt euch mehr, ihr zwei!

Du liebe Qual!
Sagt jetzt die Wahl.
Komm küss mich mal!
Säuselt die Qual.

So schön lässt sich die Welt gestalten,
wenn zwei so gut zusammen halten...

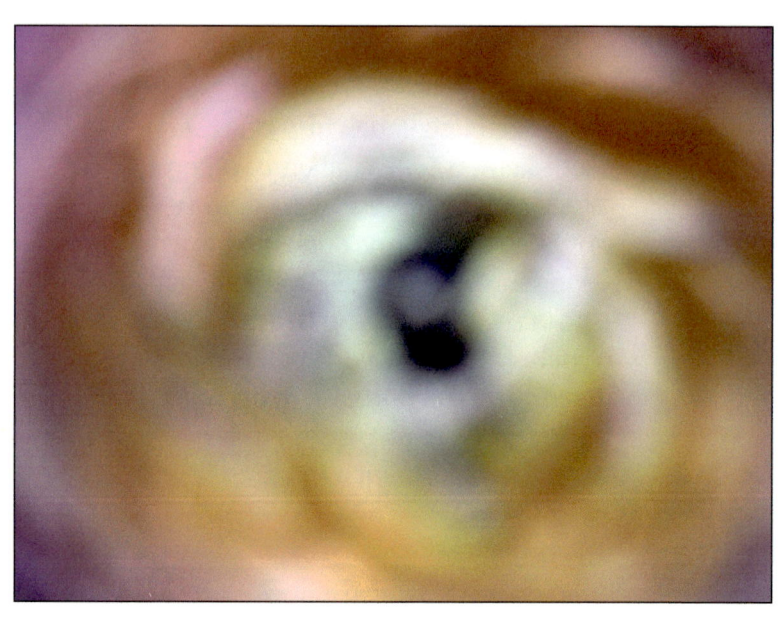

Der Universumwurm

Im Universum schwebt ein Wurm

von Erde, Mars bis zum Saturn.

Er räkelt und er windet sich

und tänzelt auf dem Sonnenstrich.

Er sucht in all den weiten Sphären

den Sinn des Lebens zu erklären

und bleibt doch immer nur ein Wurm -

verweht im nächsten Sonnensturm.

Wer bin ich?

Wenn ich Angst habe, nenne mich Frau
Furchtsamkeit.
Wenn ich mich freue, nenne mich Frau
Freudentanz.
Wenn ich zweifle, nenne mich Frau Ungewiss.
Wenn ich liebe, nenne mich Frau Liebe.
Wenn ich glaube, nenn mich Frau Vertrauen.
Wenn ich hoffe, nenne mich Frau Zuversicht.

Wenn ich weine, nenne mich Frau Träne,
und gib mir ein Taschentuch aus deiner Tasche,
das meine Tränen trocknen kann.

Mein Wörterfluss

Meine Sprache,
wenn du schmerzvoll dich bewegst,
so schwer und müde deine Glieder regst,
so bleich und zitternd dich bemühst,
so rastlos suchend deine Bahnen ziehst -
dann passt kein Wort,
ich bleibe stumm,
steh wie gebannt,
steh krumm und dumm
und fühl es doch im Wörterfluss der Zeit,
alle Gedanken suchen sich ihr Kleid.

Nachwort

Wenn ich Schatten euch beleidigt,
denket dies, das mich verteidigt:
Dass mich nur der Schlaf umtrieb,
als ich diese Zeilen schrieb.
Denn mein Thema, schwach und nichtig,
ist so flüchtig wie ein Traum.
Drum verzeiht, was hier geschehen.
Bald sollt ihr was Bessres sehen…
sonst will ich ein Lügner sein!
Und nun ade euch allen miteinander.
Spart nicht mit Lob,
seid ihr mir gewogen,
und fühlt euch nie von eurer Phantasie betrogen.

frei nach Shakespeare „Ein Sommernachtstraum"